# 目　录

# 中华全国妇女联合会章程

中国妇女出版社

# 中华全国妇女联合会章程

（中国妇女第十三次全国代表大会部分修改，2023年10月26日通过）

## 总　则

中华全国妇女联合会是全国各族各界妇女为争取进一步解放与发展而联合起来的群团组织，是中国共产党领导下的人民团体，是党和政府联系妇女群众的桥梁和纽带，是国家政权的重要社会支柱。

中华全国妇女联合会以宪法为根本的活动准则，依照法律和《中华全国妇女联合会章程》独立自主地开展工作。

中国妇女是建设新时代中国特色社会主义的重要力量。中华全国妇女联合会高举中国特色社会主义伟大旗帜，以马克思列宁主义、毛泽东思想、邓小平理论、“三个代表”重要思想、科学发展观、习近平新时代中国特色社会主义思想为行动指南，坚持中国共产党的全面领导，坚决贯彻党的基本理论、基本路线、基本方略，坚持以人民为中心的发展思想，坚持和发展马克思主义妇女观，贯彻男女平等基本国策，团结引导广大妇女坚定不移地走中国特色社会主义妇女发展道路，做伟大事业的建设者、文明风尚的倡导者、敢于追梦的奋斗者，在统筹推进“五位一体”总体布局和协调推进“四个全面”战略布局中发挥积极作用，为全面建成社会主义现代化强国、实现第二个百年奋斗目标，以中国式现代化全面推进中华民族伟大复兴而奋斗。

中华全国妇女联合会自觉坚持党中央集中统一领导，深刻领悟“两个确立”的决定性意义，增强“四个意识”、坚定“四个自信”、做到“两个维护”，不断提高政治判断力、政治领悟力、政治执行力，胸怀“国之大者”，深化妇联改革和建设，保持和增强政治性、先进性、群众性，发挥党开展妇女工作最可靠、最有力的助手作用，巩固和扩大党执政的阶级基础和妇女群众基础。

中华全国妇女联合会立足引领、服务、联系的职能定位，以团结引导各族各界妇女听党话、跟党走为政治责任，以围绕中心、服务大局为工作主线，以联系和服务妇女为根本任务，以代表和维护妇女权益、促进男女平等和妇女全面发展为基本职能。

# 第一章　任　务

**第一条**　组织引导妇女学习贯彻习近平新时代中国特色社会主义思想和党的路线方针政策，用中国特色社会主义共同理想凝聚妇女。

**第二条**　团结动员妇女投身改革开放和社会主义经济建设、政治建设、文化建设、社会建设、生态文明建设，注重发挥妇女在社会生活和家庭生活中的独特作用，为强国建设、民族复兴作贡献。

**第三条**　代表妇女参与管理国家事务、管理经济和文化事业、管理社会事务，参与民主协商、民主决策、民主管理、民主监督，参与有关法律、法规、规章和政策的制定，参与社会治理和公共服务，推动保障妇女权益法律政策和妇女、儿童发展纲要的实施。

**第四条** 维护妇女儿童合法权益，倾听妇女意见，反映妇女诉求，向各级国家机关提出有关建议，要求并协助有关部门或单位查处侵害妇女儿童权益的行为，为受侵害的妇女儿童提供帮助。

**第五条** 教育引导妇女树立自尊、自信、自立、自强的精神，提高综合素质，实现全面发展。

宣传马克思主义妇女观，推动落实男女平等基本国策，营造尊重和关爱妇女、有利于妇女全面发展的社会环境。宣传表彰优秀妇女典型，培养、推荐女性人才。

**第六条** 教育引导妇女践行社会主义核心价值观，弘扬中华民族家庭美德，带动家庭成员建设文明家庭、实施科学家教、传承优良家风，发挥家庭家教家风在基层社会治理中的重要作用，推动形成社会主义家庭文明新风尚。

**第七条** 关心妇女工作生活，拓宽服务渠道，创新服务方式，建设服务阵地，发展公益事业，壮大巾帼志愿者队伍，加强妇女之家建设。联系和引导女性社会组织，加强与社会各界的协作，推动全社会为妇女儿童和家庭服务。

**第八条** 巩固和扩大各族各界妇女的大团结。全面准确、坚定不移贯彻“一国两制”方针，加强同香港特别行政区、澳门特别行政区、台湾地区和海外华侨华人妇女、妇女组织的交流合作，为推进祖国统一大业凝心聚力。

**第九条** 积极发展同世界各国妇女和妇女组织的友好交往，加深了解、增进友谊、促进合作，积极参与推动共建“一带一路”，弘扬和平、发展、公平、正义、民主、自由的全人类共同价值，推动构建人类命运共同体，为维护世界和平、促进共同发展作贡献。

## 第二章　组织制度

**第十条**　妇女联合会实行全国组织、地方组织、基层组织和团体会员相结合的组织制度。

妇女联合会的地方和基层组织接受同级党组织和上级妇女联合会双重领导，以同级党组织领导为主。

妇女联合会实行民主集中制。

**第十一条**　全国和地方妇女联合会的领导机构，由同级妇女代表大会选举产生。

妇女联合会基层组织的领导机构由同级

妇女大会或妇女代表大会选举或推选产生。

**第十二条** 各级妇女代表大会代表名额及产生办法，由各级妇女联合会执行委员会决定。

**第十三条** 各级妇女联合会执行委员会的产生，应充分体现选举人的意志。选举采取无记名投票方式，可以直接采取差额选举办法进行选举；也可以先采取差额选举办法进行预选，产生候选人名单，再进行等额选举。

**第十四条** 执行委员应执行妇女大会、妇女代表大会和妇女联合会执行委员会的决议，积极参加妇女联合会的有关活动。学习党的妇女工作理论和有关法律政策，强化履职意识，熟悉并努力开展妇女工作，反映妇女需求，密切联系和服务妇女群众。在执行委员会闭会期间，执行委员可随时向常务委员会反映有关妇女工作的情况、问题，提出建议。妇女联合会应为执行委员发挥作用创造条件、提供支持。

**第十五条** 各级妇女联合会常务委员会、执行委员会根据工作需要，可以增补委员。执行委员中专职妇女工作者离开妇女工作岗位后，其执行委员职务自行卸免，替补人选由执行委员会决定。

**第十六条** 中华全国妇女联合会，省、自治区、直辖市妇女联合会，设区的市、自治州妇女联合会，县（旗）、自治县、不设区的市和市辖区妇女联合会，地区（盟）妇女联合会，根据工作需要设业务部门。

## 第三章 全国组织

**第十七条** 妇女联合会的最高领导机

构是全国妇女代表大会和它所产生的中华全国妇女联合会执行委员会。全国妇女代表大会，每五年举行一次，由中华全国妇女联合会执行委员会召集。在特殊情况下，经执行委员会讨论决定，可提前或延期召开。

全国妇女代表大会的职权是：

（一）讨论、决定全国妇女运动方针、任务及重大事项；

（二）听取、审议和批准中华全国妇女联合会执行委员会的工作报告；

（三）修改《中华全国妇女联合会章程》；

（四）选举中华全国妇女联合会执行委员会。

**第十八条** 全国妇女代表大会闭会期间，中华全国妇女联合会执行委员会贯彻执行全国妇女代表大会的决议，讨论并决定妇女工作中的重大问题和人事安排事项。中华全国妇女联合会执行委员会的全体会议，每年至少举行一次，由常务委员会召集。

**第十九条** 中华全国妇女联合会执行委员会的全体会议选举主席一人、专兼职副主席若干人、常务委员若干人，组成常务委员会。

**第二十条** 中华全国妇女联合会常务委员会是执行委员会闭会期间的领导机构，常务委员会讨论决定妇女工作中的重要问题，定期向执行委员会报告工作，接受监督。常务委员会会议每半年举行一次，在特殊情况下，可提前或推迟召开。

中华全国妇女联合会常务委员会下设书记处，由常务委员会推选第一书记和书记若干人组成，主持日常工作。

## 第四章　地方组织

**第二十一条**　妇女联合会在省、自治区、直辖市，设区的市、自治州，县（旗）、自治县、不设区的市和市辖区等建立地方组织。

**第二十二条**　地方各级妇女联合会的领导机构是地方各级妇女代表大会和它所产生的执行委员会。地方各级妇女代表大会，每五年举行一次，由同级妇女联合会执行委员会召集。在特殊情况下，经执行委员会讨论决定，可提前或延期召开。

地方各级妇女代表大会的职权是：

（一）讨论、决定本地区的妇女工作任务；

（二）听取、审议和批准同级妇女联合会执行委员会的工作报告；

（三）选举同级妇女联合会的执行委员会。

**第二十三条** 地方各级妇女联合会执行委员会在妇女代表大会闭会期间，执行上级妇女联合会的决定和同级妇女代表大会的决议，定期向上级妇女联合会报告工作，讨论并决定本地区妇女工作的重大问题。地方各级妇女联合会执行委员会全体会议，每年至少举行一次，由同级常务委员会召集。执行委员会全体会议选举主席一人、专挂兼职副主席若干人、常务委员若干人，组成常务委员会。

**第二十四条** 地方妇女联合会常务委员会是执行委员会闭会期间的领导机构，常务委员会讨论决定妇女工作中的重要问题，定期向执行委员会报告工作，接受监督。常务委员会会议每半年举行一次，在特殊情况下，可提前或推迟召开。

## 第五章　基层组织

**第二十五条**　妇女联合会在乡镇、街道，行政村、社区，机关和事业单位、社会组织等建立基层组织。

**第二十六条**　乡镇、街道，行政村、社区应当建立妇女联合会。

乡镇、街道，行政村、社区妇女代表大会，每五年举行一次。妇女代表大会选举产生执行委员会，执行委员会全体会议选举主席一人、专兼职副主席若干人，必要时可选举常务委员若干人。

**第二十七条**　机关和事业单位、社会组织建立妇女委员会或妇女工作委员会，有条件的可建立妇女联合会。

妇女委员会由本单位妇女大会或妇女代表大会选举产生，每届任期三至五年。妇女委员会全体会议推选主任一人、副主任若干人，负责日常工作。妇女工作委员会委员由妇女代表协商产生。妇女联合会执行委员会由本单位妇女大会或妇女代表大会选举产生，每届任期三至五年。

**第二十八条**　在居住分散的农村山区、牧区，农、林、渔场，非公有制经济组织，专业市场和新就业群体等女性相对集中的地方应建妇女组织，组织形式从实际出发灵活设置。

## 第六章　团体会员

**第二十九条**　企业基层工会女职工委员会及其以上各级工会女职工委员会是妇女联

合会的团体会员。

**第三十条** 凡在民政部门注册登记的以女性为主体会员的各类为社会、为妇女服务的社会团体，自愿申请，承认本章程，经中华全国妇女联合会或当地妇女联合会同意，可成为妇女联合会的团体会员。

**第三十一条** 妇女联合会应加强同团体会员的联系，帮助和支持团体会员开展工作。团体会员应接受妇女联合会业务指导。

**第三十二条** 团体会员应履行下列义务：

（一）遵守《中华全国妇女联合会章程》；

（二）宣传和执行妇女联合会的决议；

（三）向妇女联合会汇报工作，反映情况，提出意见和建议，执行有关工作任务；

（四）向妇女联合会推荐优秀妇女人才。

**第三十三条** 团体会员享有下列权利：

（一）参加妇女联合会的有关活动；

（二）对妇女联合会的工作提出批评建议；

（三）团体会员的负责人参加或列席同级妇女联合会执行委员会会议。

## 第七章　妇女联合会的干部

**第三十四条**　妇女联合会应深入贯彻新时代党的组织路线和干部工作方针政策，坚持党管干部原则，坚持德才兼备、以德为先、五湖四海、任人唯贤，坚持信念坚定、为民服务、勤政务实、敢于担当、清正廉洁的新时代好干部标准，推进干部革命化、年轻化、知识化、专业化，建设忠诚干净担当、热爱妇女工作、具备履职能力、受到妇女信赖的妇女联合会干部队伍。

**第三十五条** 妇女联合会应拓宽干部来源渠道，吸收各方面优秀人才到妇女联合会工作，优化干部队伍结构，增强广泛性、代表性，建设专职、挂职、兼职相结合的符合群团组织特点的高素质干部队伍。

**第三十六条** 妇女联合会干部应当做到：

（一）政治坚定。带头学习贯彻习近平新时代中国特色社会主义思想，在政治立场、政治方向、政治原则、政治道路上同党中央保持高度一致，坚决执行党的基本路线和方针政策。

（二）勤奋学习。学习马克思列宁主义、毛泽东思想、邓小平理论、“三个代表”重要思想、科学发展观、习近平新时代中国特色社会主义思想，学习党的基本知识和党的历史，学习法律政策、科学文化和妇女工作业务等知识，不断提升政治能力、思维能力、实践能力，增强推动高质量发展本领、服务群众本领、防范化解风险本领。

（三）忠于职守。开拓创新，勇于担当，敢于斗争，真抓实干，在组织、引导、服务妇女和维护妇女权益方面，努力做出实绩。

（四）作风扎实。深入调查研究，密切联系妇女，增强群众意识，增进群众感情，反对形式主义、官僚主义、享乐主义和奢靡之风，自觉接受群众监督，全心全意为人民服务。

（五）遵纪守法。严守政治纪律和政治规矩，遵守国家法律法规，依法办事，廉洁奉公。

**第三十七条**　各级妇女联合会应成为培养和输送女干部的重要基地。应加强干部的培养，重视培训工作，加强培训基地建设。

妇女联合会干部应合理流动。妇女联合会应经常向各方面推荐输送优秀女干部，特别要注意培养推荐输送少数民族和年轻女干部。

**第三十八条** 地方妇女联合会主要负责人应参加或列席同级党委有关工作会议。

乡镇、街道妇女联合会主要负责人可列席同级党委有关会议。

**第三十九条** 妇女联合会承担对下一级妇女联合会主席、副主席的协助管理职责。妇女联合会主席、副主席人选按照干部双重管理有关规定事先征求上一级妇女联合会的意见，选举结果报上一级妇女联合会备案。

县以上妇女联合会主席、副主席任职时间不超过两届。

## 第八章　经费及财产

**第四十条**　妇女联合会的行政经费、业务活动和事业发展经费，主要由政府拨款，提供经费保障，列入各级财政预算，并随财政收入的增长或工作需要逐步增加。

**第四十一条**　各级妇女联合会可依法接纳热心妇女儿童事业的国内外人士及组织的资金和其他物品的捐赠，并依法管理，接受监督。

**第四十二条**　国家交各级妇女联合会占有、使用的资产受法律保护，任何组织和个人不得侵占、挪用或任意调拨。妇女联合会所属的企事业单位，其隶属关系不得随意改变。

# 第九章　会徽会旗

**第四十三条**　中华全国妇女联合会会徽为圆形，由汉字“女”和英文“WOMAN”的第一个字母“W”经艺术造型构成，象征着中华全国妇女联合会和中国妇女的进步、发展，象征着中国妇女和各国妇女的友谊、团结。

**第四十四条**　中华全国妇女联合会会旗的旗面为红色，左上角缀有黄色会徽。

**第四十五条**　中华全国妇女联合会的会徽会旗是中华全国妇女联合会的象征和标志，应当按照规定制作和使用。

会徽会旗的制作标准，由中华全国妇女联合会规定。

中华全国妇女联合会会徽会旗，可在妇女联合会办公地点、活动场所、会场悬挂，会徽也可作为徽章佩戴。

## 第十章　附 则

**第四十六条**　中华全国妇女联合会英文译名是“All-China Women's Federation”，缩写为“ACWF”。

**第四十七条**　本章程解释权属于中华全国妇女联合会。

# 关于《中华全国妇女联合会章程（修正案）（草案）》的说明

（2023年10月23日）

妇联章程是妇联组织具有法规性质的重要文件，是妇联组织和妇联工作的基本遵循。修改《中华全国妇女联合会章程》是筹备召开中国妇女第十三次全国代表大会的主要任务之一。沈跃跃同志高度重视章程修改等工作，多次听取汇报，提出明确要求。全国妇联党组、书记处及时成立中国妇女十三大筹备工作组，黄晓薇同志总负责，统筹部署推进章程修改等各项工作。经认真梳理研究、广泛征求意见、反复修改完善，形成了《中华全国妇女联合会章程（修正案）（草案）》。现就有关情况说明如下。

## 一、修改章程的总体考虑

历史经验充分证明，章程只有不断适应新形势、吸纳新经验、作出新规范，才能更好指导和推动一个时期妇联工作的创新发展。现行章程是2018年中国妇女第十二次全国代表大会审议通过的，集中体现了党的十八大以来党的理论指导和中国特色社会主义群团发展道路要求，过去五年在指导妇女工作、推进妇联组织发展方面发挥了重要作用。党的十九大以来，以习近平同志为核心的党中央坚持把马克思主义基本原理同中国具体实际相结合、同中华优秀传统文化相结合，集中全党智慧，推动习近平新时代中国特色社会主义思想取得新发展，开辟了马克思主义中国化时代化新境界。根据党的十九大以来党的理论创新成果和党中央重大决策部署，特别是党的二十大确立的重大理论观点和重大战略思想、以习近平同志为核心的党中央对群团工作作出的新部署新要求，总结妇女工作理论和实践创新、妇联改革和建设新经验，对章程作必要修改，有利于更好地指导和推动新时代妇联工作高质量发展。

此次章程修改的基本原则是：一是坚持党中央集中统一领导，坚持马克思列宁主义、毛泽东思想、邓小平理论、“三个代表”重要思想、科学发展观，全面贯彻习近平新时代中国特色社会主义思想，全面贯彻党的二十大精神，把习近平总书记关于妇女儿童和妇联工作的重要论述落实到章程修改工作的全过程各方面。二是坚持对标对表党的二十大通过的《中国共产党章程（修正案）》，在重大提法上保持一致。三是坚持守正创新，充分体现妇联工作特别是妇联改革和建设的创新经验和成功实践，以适应新形势新任务新要求。四是坚持适当修改，普遍要求修改、实践证明是成熟的就改，不成熟的不改，可改可不改的原则上不改，既实现与时俱进，又保持总体稳定，维护章程的权威性。五是坚持充分发扬民主，广泛凝聚共识，集思广益。

## 二、章程修正案（草案）形成过程

章程修改工作于今年1月启动，通过书面征求、座谈征求、上门征求等多种方式，先后三轮广泛征求意见，共计听取31个省区市和新疆生产建设兵团妇联、22个全国妇联机关部门和单位、19个全国妇联团体会员、中央和国家机关妇工委、全国妇联兼职副主席、全国妇联常执委、部分老领导老同志、中央和国家机关有关部门、有关人民团体以及专家学者等的意见，专门征求了中央纪委国家监委机关、中央组织部、中央宣传部、中央统战部、中央政法委以及中央主题教育指导组的意见，共收到反馈意见建议430条。在逐一研究、充分吸纳的基础上，形成章程修正案（送审稿），报送中办。根据9月12日中央书记处办公会议精神进一步修改完善后，9月21日提交全国妇联十二届七次执委会议审议并通过。9月28日按程序报党中央审定，根据中办秘书局意见作进一步修改完善，10月16日再次报党中央批准，最终形成提交大会的章程修正案（草案）。章程修正案（草案）保持总体框架不变、总条数不变，共修改23处，其中总则修改3处、条文修改20处。

## 三、总则部分修改的主要内容

（一）充实坚持党的全面领导重要内容。中国共产党是领导我们事业的核心力量。新时代以来，党的领导全面加强，对促进妇女全面发展、依法保障妇女权益作出一系列重要战略安排，为做好妇女工作和妇联工作提供了坚强政治保证。总则第三段将“坚持中国共产党的领导”修改为“坚持中国共产党的全面领导”，并增写“坚持以人民为中心的发展思想”，第四段增写“不断提高政治判断力、政治领悟力、政治执行力，胸怀‘国之大者’”等重要内容，确保妇联组织更加自觉把坚持党的全面领导作为妇女事业发展的立身之本，贯穿落实到妇联工作全过程各方面。

（二）增写“两个确立”重要内容。“两个确立”是新时代最大政治成果、最重要历史经验、最客观实践结论，是战胜一切艰难险阻、应对一切不确定性的最大确定性、最大底气、最大保证，反映了全党全军全国各族人民共同心愿，是时代呼唤、历史选择、民心所向，对新时代党和国家事业发展、对推进中华民族伟大复兴历史进程具有决定性意义。总则第四段增写“深刻领悟‘两个确立’的决定性意义”，明确妇联组织坚定维护习近平总书记党中央的核心、全党的核心地位，更加自觉地用习近平新时代中国特色社会主义思想武装头脑、指导实践、推动工作。

（三）调整充实组织使命内容。党的二十大提出新时代新征程党的中心任务是以中国式现代化全面推进中华民族伟大复兴。必须紧紧围绕党的中心任务发展妇女事业、开展妇女工作、履行妇联职能，凝聚广大妇女奋进新征程的磅礴力量。总则第三段将相关内容修改为“为全面建成社会主义现代化强国、实现第二个百年奋斗目标，以中国式现代化全面推进中华民族伟大复兴而奋斗”；增写习近平总书记对妇女提出的“做伟大事业的建设者、做文明风尚的倡导者、做敢于追梦的奋斗者”重要内容。

（四）突出新时代妇联组织职能定位。习近平总书记指出，妇联组织的职能定位是“引领、服务、联系”。贯彻落实习近平总书记重要讲话精神，总则第五段增写了这方面内容。

## 四、条文部分修改的主要内容

（一）*充实完善工作任务*。贯彻落实党的二十大精神和习近平总书记重要论述，把引领、服务、联系职能全面落实到妇联工作各项任务中。第二条团结动员妇女建功方面，将“为中国特色社会主义伟大实践作贡献”修改为“为强国建设、民族复兴作贡献”。根据党章，第三条新增参与“民主协商”。落实习近平总书记重要指示精神，第五条营造社会环境方面增写“尊重和关爱妇女”内容。落实习近平总书记关于注重家庭家教家风建设的重要论述特别是对妇联家庭工作的重要指示要求，落实家庭教育促进法对妇联职责的要求，对第六条妇联家庭工作任务进行修改和完善，增写教育引导妇女“带动家庭成员建设文明家庭、实施科学家教、传承优良家风，发挥家庭家教家风在基层社会治理中的重要作用”等内容。对标党章，充实完善妇联统战联谊和妇女对外交往工作任务，第八条增写“全面准确、坚定不移贯彻‘一国两制’方针”，将“推进现代化建设和祖国和平统一”修改为“为推进祖国统一大业凝心聚力”；第九条将“积极参与‘一带一路’建设”修改为“积极参与推动共建‘一带一路’”，增写“弘扬和平、发展、公平、正义、民主、自由的全人类共同价值”内容。

（二）规范组织制度。适应新形势新任务对妇联工作和妇联组织建设提出的新要求，吸纳各方面意见和建议。第十条关于双重领导规定方面，增写“以同级党组织领导为主”内容，强化同级党组织对妇联工作的领导。第十四条增写对妇联执委的履职要求，如“学习党的妇女工作理论和有关法律政策，强化履职意识，熟悉并努力开展妇女工作”等，同时增写“妇女联合会应为执行委员发挥作用创造条件、提供支持”内容。

（三）**加强基层组织建设**。落实党中央对群团组织加强基层组织建设的要求，总结吸收近年来各地创新实践经验，回应地方妇联组织的呼声，规范基层组织建设，扩大对各类妇女群体的覆盖。第二十七条新增关于机关和事业单位、社会组织“有条件的可建立妇女联合会”的规定，同时明确执行委员会的产生和任期。落实党的二十大提出的关于加强新经济组织、新社会组织、新就业群体党的建设要求，考虑到“新社会组织”“新经济组织”已分别被第二十七、二十八条提到的“社会组织”“非公有制经济组织”所涵盖，故在第二十八条增写在女性相对集中的“新就业群体”中应建妇女组织的内容。

（四）**强化对妇联干部的要求**。贯彻新时代党的组织路线，对妇联干部提出新的要求。第三十四条增写妇联“应深入贯彻新时代党的组织路线和干部工作方针政策”，干部选用标准增写“五湖四海”。第三十六条有关妇联干部的规定中，第二项勤奋学习方面增写和完善“学习马克思列宁主义、毛泽东思想、邓小平理论、‘三个代表’重要思想、科学发展观、习近平新时代中国特色社会主义思想，学习党的基本知识和党的历史”、提升“政治能力、思维能力、实践能力”、增强“推动高质量发展本领”“防范化解风险本领”等内容；第三项履职要求方面增写“敢于斗争”内容。第三十九条有关妇联主席人选方面增写“按照干部双重管理有关规定”内容。

# 关于《中华全国妇女联合会章程（修正案）》的决议

（2023年10月26日中国妇女第十三次全国代表大会通过）

中国妇女第十三次全国代表大会审议并通过中华全国妇女联合会第十二届执行委员会提出的《中华全国妇女联合会章程（修正案）》，决定这一修正案自通过之日起生效。

大会认为，中国共产党是领导我们事业的核心力量。党的十八大以来，党对妇女工作的领导全面加强，对促进妇女全面发展、依法保障妇女权益作出一系列重要战略安排，为做好新时代妇联工作提供了坚强政治保证。大会同意，在妇联章程中充实或增写坚持中国共产党的全面领导，不断提高政治判断力、政治领悟力、政治执行力，胸怀“国之大者”等内容，确保妇联组织把坚持党的全面领导作为最高政治原则，自觉贯彻落实到妇联工作全过程各方面。

大会认为，“两个确立”是新时代最大政治成果、最重要历史经验、最客观实践结论，是战胜一切艰难险阻、应对一切不确定性的最大确定性、最大底气、最大保证，反映了全党全军全国各族人民共同心愿，是时代呼唤、历史选择、民心所向，对新时代党和国家事业发展、对推进中华民族伟大复兴历史进程具有决定性意义。大会同意，将深刻领悟“两个确立”的决定性意义写入妇联章程，要求妇联组织要深入学习贯彻习近平新时代中国特色社会主义思想，增强“四个意识”、坚定“四个自信”、做到“两个维护”，在思想上政治上行动上同以习近平同志为核心的党中央保持高度一致。

大会认为，党的二十大提出以中国式现代化全面推进中华民族伟大复兴，确定了新时代新征程党的中心任务。必须紧紧围绕党的中心任务发展妇女事业、开展妇女工作、履行妇联职能，凝聚广大妇女奋进新征程的磅礴力量。大会同意，妇联章程据此作出相应修改，强调要团结引导广大妇女坚定不移走中国特色社会主义妇女发展道路，做伟大事业的建设者、文明风尚的倡导者、敢于追梦的奋斗者。

大会认为，贯彻落实党的二十大精神和习近平总书记关于妇女儿童和妇联工作的重要论述，必须把引领、服务、联系的职能定位贯穿于妇联组织各项工作任务中。大会同意，将团结动员妇女为强国建设、民族复兴作贡献，代表妇女参与民主协商，发挥家庭家教家风在基层社会治理中的重要作用，全面准确、坚定不移贯彻“一国两制”方针，弘扬和平、发展、公平、正义、民主、自由的全人类共同价值等内容写入妇联章程，以利于妇联组织更好地围绕中心、服务大局。

大会认为，新形势新任务对深化妇联改革和建设、有效发挥桥梁纽带作用提出了新要求。大会同意，妇联章程在完善组织制度、强化同级党组织的领导，规范基层组织建设、扩大对各类妇女群体覆盖，明确执委履职要求、增强干部能力本领等方面的修改。这有利于妇联组织保持和增强政治性、先进性、群众性，进一步提升吸引力、凝聚力和影响力。

大会要求，各级妇联组织、团体会员要更加紧密地团结在以习近平同志为核心的党中央周围，以习近平新时代中国特色社会主义思想为指导，全面贯彻党的二十大精神，深入贯彻习近平总书记关于妇女儿童和妇联工作的重要论述，认真学习和贯彻执行妇联章程，动员引领全国各族各界妇女为全面建设社会主义现代化国家、全面推进中华民族伟大复兴而团结奋斗！

图书在版编目（CIP）数据

中华全国妇女联合会章程 / 中华全国妇女联合会编. -- 北京 : 中国妇女出版社，2023.12

ISBN 978-7-5127-2336-8

Ⅰ.①中… Ⅱ.①中… Ⅲ.①中华人民共和国全国妇女联合会－章程 Ⅳ.①D442.3

中国国家版本馆CIP数据核字（2023）第194597号

责任编辑：万立正　刘煜溪　　责任印制：李志国

出版发行：中国妇女出版社
地　　址：北京市东城区史家胡同甲24号　　邮政编码：100010
电　　话：（010）65133160（发行部）　　65133161（邮购）
网　　址：www.womenbooks.cn
邮　　箱：zgfncbs@womenbooks.cn
法律顾问：北京市道可特律师事务所
经　　销：各地新华书店
印　　刷：北京中科印刷有限公司

开　　本：880mm×1230mm　1/64
印　　张：0.75
字　　数：16千字
版　　次：2023年12月第1版　　2023年12月第1次印刷
定　　价：10.00元

ISBN 978-7-5127-2336-8